시인 KD문 첫 번째 시화집

아름드리 봄

2019

문 길 동 지음

도서출판 강 건

생각하는 문화 콘텐츠
도서출판 강건 문화사

[아름드리 봄] 시인 KD문 시화집

지은이 | 문길동
펴낸이 | 백태현
기 획 | 강건 문화사
디자인 | 문길동
발행처 | 도서출판 강건
발 행 | 2019년 2월 22일
주 소 | 서울 중랑구 신내로 128
전 화 | 010-5300-1555
이메일 | bth8135@naver.com
출판사등록 | 2017.03.15.(제2017-12호)

ISBN | 979-11-89264-17-8

mc060.mysoho.com 공식 도서 구입처

인 쇄 | 진포인쇄
주 소 | 전북 군산시 팔마로 4
전 화 | 063)471-1318

정가 12,000

ⓒ 아름드리 봄 강건문학 2019
본 책은 저작자의 지적 재산으로서 무단 전재와 복제를 금합니다.

아름드리 봄

KD문 시화집

ⓒ 도서출판 강건

[작가의 말]

어쭙잖은 실력으로 글을 쓴다는 것이 얼마나 힘든 작업이고 얼마나 어리석은 일인지 새삼 느끼면서 작업을 했습니다.
사실 글을 쓴다는 것은 거의 기적이나 마찬가지 입니다.

그렇게 생각하는 이유의 첫 번째는 글이라는 것은 글을 전문적으로 배운 사람들에게만 극한 되어 있다고 생각하였고, 두 번째는 아직 나에게는 사치라는 생각을 하였기에 기적으로 표현하는 것이 적합하다고 생각했습니다.

그런데 뜻하지 않게 우리 강 알리기 시 공모전 시화 부문에 입선 하면서부터 글에 대하여 조금씩 알게 되었고, 거기에 그림을 첨가하면 좋겠다는 생각을 하여서 시화집을 1년 전부터 준비하고 어렵사리 개인 시화집/시집으로 출간하게 되었습니다.

"아름드리 봄" 이라는 책 제목은 강건 출판사 대표님께서 시화에 적합한 제목이라고 추천해 주셔서 주저하지 않고 그렇게 제목으로 넣으니 그럴싸하게 보여서 조금은 위로를 받았습니다.

내친김에 우리나라 4계절 봄, 여름, 가을, 겨울을 배경삼아 그리움을 가득 실은 글을 써보고 싶은 생각이 들긴 하지만 여건상 어렵지 않을까 생각을 합니다.

하지만 첫 작품에 그치지 않고 더욱 더 정진하여서 보다 좋은 글을 여러분들께 소개하고자 하는 욕심은 있기에 계속 하지 않을까 하는 조심스런 생각을 해봅니다.

많은 사람들에게 감동을 주고 뭔가를 느끼게 하는 글을 탄생시킨다는 것이 어렵다는 것은 누구든지 잘 알고 있을 겁니다. 그렇지만 강건 식구들의 응원과 월간 시선에서의 용기를 얻어서 앞으로 더욱 발전된 모습을 보여드릴 것을 약속드립니다.

끝으로 산고 끝에 시화집을 내게 해주신 강건 출판사 백태현 대표님께 감사의 마음을 전합니다.

우리 가족들에게 사랑한다고 전하고 싶습니다.

그리고......................

2019년 초봄
문 길 동

소중한

-- 에게

시인 KD문 드립니다.

■ 차 례

작가의 말 ···4

1부. 詩畵集

아름드리 봄 ··14
자줏빛 봄 ···16
향긋한 봄 · 1 ··20
목련 피는 봄 ··22
샛노란 봄 ···24
손잡는 봄 ···26
탁자위의 봄 ··28
아장아장 봄 · 1 ······································30
살며시 봄 ···32
임 오시는 봄 ··34
햇살 좋은 봄 ··36
편지 쓰는 봄 ··38
향긋한 봄 · 2 ··40
아담한 봄 ···42
담장 너머 봄 ··44
담장 위의 봄 ··46
함께 듣는 봄 ··48

그리운 봄 · 1 ·················· 50
달달한 봄 · 1 ·················· 52
손 편지 쓰는 봄 ················ 54
그리운 봄 · 2 ·················· 56
함께 하는 봄 · 1 ················ 58
보고 싶은 봄 ··················· 60
설레는 봄 ······················ 62
달콤한 봄 · 1 ·················· 64
부드러운 봄 ···················· 66
피어난 봄 ······················ 68
함께 하는 봄 · 2 ················ 70
동백꽃 피는 봄 ················· 72
한아름 봄 ······················ 74
안아주는 봄 ···················· 76
달보드레 봄 ···················· 78
달콤한 봄 · 2 ·················· 80
달달한 봄 · 2 ·················· 82
노래하는 봄 ···················· 84
지저귀는 봄 ···················· 86
향기 가득한 봄 ················· 88
꽃피는 봄 · 1 ·················· 90
보랏빛 봄 · 1 ·················· 92
보랏빛 봄 · 2 ·················· 94

사랑의 봄 …………………………………………96
둘이서는 봄 ………………………………………98
향기 나는 봄 ……………………………………100
편지 쓰는 봄 · 1 …………………………………102
달콤한 봄 · 3 ……………………………………104
함께 듣는 봄 · 2 …………………………………106
아장아장 봄 · 2 …………………………………108
꽃피는 봄 · 2 ……………………………………110
그대 그리는 봄 …………………………………112
매화 피는 봄 ……………………………………114
그리움 피는 봄 …………………………………116
보랏빛 봄 · 3 ……………………………………118
그대 만나는 봄 …………………………………120
꽃피는 봄 · 3 ……………………………………122
따뜻한 봄 …………………………………………124
향기로운 봄 ………………………………………126
그대 오시는 봄 · 1 ………………………………128
그대 오시는 봄 · 2 ………………………………130
그대는 봄 …………………………………………132
그대에게 가는 봄 ………………………………134
일어나는 봄 ………………………………………136
추암의 봄 …………………………………………144
차귀도의 봄 ………………………………………146

산방산의 봄 ···148
성산일출봉의 봄 ···150
홍도의 봄 ···152
청산도의 봄 ··154
마라도의 봄 ··156
선유도의 봄 ··158
우도의 봄 ···160
안면도의 봄 ··162
보길도의 봄 ··164
동백섬의 봄 ··166
보고 싶은 봄 ···168

2부. 詩選集

바람 그놈 ···170
친구야 ···171
벽치기 ···172
독도야 ···173
아들의 장갑 ··174
새벽 3시 ··176
약속 ··177
착각 ··178
풍선의 꿈 ···179

별빛 사랑 ···180
내가 그대를 ···181
그대 ···182
그대 오시는 길 ··183
너의 향기 ··184
그 미소 ··185
착한 그리움 ··187
난 이미 ··188
그 그리움 ··189
바람의 심술 ··191
흥 ··192
달의 배려 ··193
널다 사랑 ··194
봉지 커피 ··195

1부

詩畫集

길가에 낮은 자세로 피어있는 들꽃
내 그리운 향기 가득 담아서
너에게 아름드리 안겨주고 싶은 봄.

어느 누구 에게도
관심을 받지 못 하는
들꽃은 어쩌면
내 그리움과 많이
닮았습니다.

목련꽃 그늘 아래
하늘을 보니
다른 생각은
봄 햇살에
꾸벅꾸벅 졸고 있고
너의 생각만
하늘 가득 떠다닌다.

자목련이 피어있는
그늘 아래 벤치에 앉아
파란 하늘을 보니
다른 생각은 하나
떠오르지 않고
그리운 임 생각만
하늘 가득 흘러갑니다.

마음도 새처럼 날 수 있다면
나의 그리움 가득 안고
너에게로 훨훨 날아가련만.

매화꽃이 활짝 핀 봄날
두 마리 새가 날아와
재잘 거리다
훨훨 날아갈 준비를
하고 있습니다.
내 마음도 그대 곁으로
훨훨 날아가고 싶습니다.

당신이 좋아하는 굴비
향긋한 꽃 냄새보다 더
그립게 준비했습니다.
꽃은 이미 피고 있는데
당신은 언제쯤
오시렵니까.

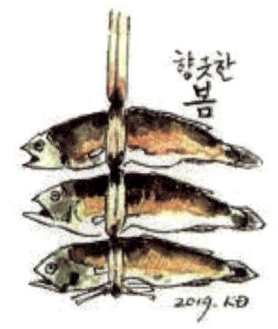

어머니, 당신은
굴비를 좋아하지
않으신다 하셨습니다.
다 압니다
당신도 굴비를
무척 좋아하셨다는 것을
머리가 맛있다고
꼬리가 맛있다고
언제까지 그렇게
말씀하실 겁니까.

베르테르의 슬픔을
이야기했던 너와 나
눈물 흘리던 추억 찾아
편지 속에 적어 보내는
자목련 피어나는 봄.

젊은 시절 괴테의
베르테르의 슬픔을 읽고
위대한 사랑
그리고 슬픈 사랑을
이야기 했던 너와 나
자목련 피는 봄
그때처럼 편지를
쓰고 싶습니다.

밤새 울던 저 새는
홀로 서럽구나
남쪽 하늘은 이미 샛노란 봄
긴 한숨 내쉬며
포롱거리는
소리 따라 날아간다.
임 만날 수 있으려나.

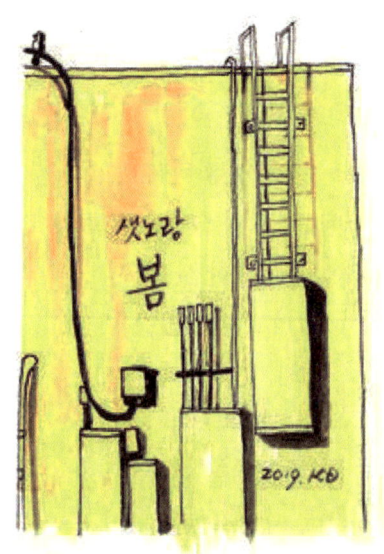

전깃줄에 앉아
울던 새가
샛노란 봄날
저 멀리 작은 새들의
움직임 따라
날갯짓을 합니다.

* 포롱거리다 : 작은 새가 매우 가볍게 계속 날다

가끔 너 일거라 손잡으면
저 계단 끝까지
수줍은 듯 도망가는 봄.

따스한 봄바람이
불어오는 어느 날
햇살을 잡으려 하면
수줍은 듯
저 멀리 도망가는
바로 너.

길거리 가득한
그대 그리움
꽃으로 피어올라
한 아름
안겨주고 싶은 봄.

길거리에 봄이 한창
뽐을 내고 있습니다.
그대 오시면
꽃다발 한 아름
안겨주고 싶습니다.

그대 좋아하는 샛노란 봄
노오란 개나리 쫑쫑쫑
그 길 따라 그대 오실까
뒤돌아보는 아장 아장 봄.

노란 개나리
노란 병아리
봄 속에 떠오르는
그대 생각에
잠시 뒤 돌아봅니다
행여 서 계실까봐

살며시 길거리에 봄
아장 아장 걸어가면
그대 손잡고 그 길을
함께 걷고 싶다.

거리에 봄
아장 아장 걸어갑니다
그 봄 길 따라
그대와 손잡고
거닐어 보고 싶습니다.

임 오시기로 한
쓸쓸한 버스 정거장
봄이 나보나 먼저
마중 나와 기다린다.

시골 한적한 곳
아무도 오지 않을 것 같은
버스 정거장
봄이 먼저 나와
햇살을 기다립니다.

따스한 봄 햇살에
마음을 널어
그대 오시는 날
포근하게 마른 향기로
다가서고 싶다.

따스한 봄 날
나의 마음을
맑고 깨끗하게 햇빛에 널어
봄 향기로
그대를 맞이하고
싶습니다.

그대 계신 그 먼 곳에도
봄이 왔는지요
답장은 안하셔도 됩니다
그대가 주었던
그리움으로 살면 되니까요
오늘도 내일도
봄 편지를 씁니다.

그대가 없는 이 거리에
또 봄이 찾아 왔습니다.
그대 계신 곳 알 수 있다면
매일 편지를 쓸 것입니다.

고운 그대 모습처럼
순수하고 아름다운 봄
자늑자늑하게 오시도록
향기 낮게 깔았습니다.

그대가 오시나 봅니다
아주 낮고 가벼우면서도
차분하게 봄이 옵니다.

* 자늑자늑 : 동작이 진득하게 부드럽고 가벼운 모양

아지랑이 햇살 가득한
아담한 길거리 모퉁이
살짝 돌아 이름 부르면
그대 올 것 같은 봄 날.

봄이 오는 골목길
작은 화분 하나 들고
모퉁이 돌면
그대 꼭 올 것만
같습니다.

담장위로 햇살 끌어 모아
따뜻한 봄 피어오른다
까치발 들고 고개 내밀면
그대 웃음도 피어오를까.

담장 너머
봄은 오는데
내 작은 소망은
그 담장 너머를
볼 수 없습니다.
까치발 들고
그대 모습을 보고 싶은
봄 입니다.

저 돌담길 돌면
그대 환한 웃음보일까
차마 가지 못하고
애꿎은 담장위의 봄만
만지작거린다.

봄이 오는 소리에
용기를 내어
그대 찾아 갔지만
집 앞 멀찍이
서성이다 뒤 돌아 간다

그대와 함께 듣던 노래가
라디오에서 흐릅니다
지금은 내 곁에 없지만
그대는 다른 먼 곳에서
꼭 들어야만 합니다.

언제나 함께 할 것
같았던 너와 나
아프던 세월이
거리를 만들고
즐겨 들었던 음악을
나 혼자 듣습니다.

그대가 좋아하는
키 작은 해바라기
내 작은 화분에
곱게 피워냈습니다
그대,
꼭 오셔야 합니다.

노란 해바라기를 보면
그대는 어린 아이처럼
좋아했습니다.
내 작은 화분에
해바라기 곱게 피웠습니다.

향긋한 너의 미소만큼
거리에 나부끼는 꽃바람
웃음 한 번 보여주면
눈물 쏟을 것 같은 달달한 봄.

달콤한 사랑 약속하던
그 수줍은 미소
봄이면 더욱 떠오르는
너의 달달한 웃음이
봄 하늘에 펼쳐져 있다.

감미로운 음악과
커피 향 가득한 봄
너무 보고 싶다고
그대 사랑한다고
손 편지를 쓰고 싶다.

그대에게 쓰는 손 편지
가물가물해질 무렵
보고 싶다고
살아한다고
꼬박 꼬박 손 편지를
쓰고 싶은 봄.

그대 작은 화분에
살며시 내려온 향기
포근한 향기 따라
분주하게 사랑 찾는 봄.

봄이 찾아오면
거리의 향기 찾아
분주하게 다니던
너와의 추억이
떠오른다.

봄 향기 따라 찾아온
달콤한 미소
따뜻한 창가에 앉아
널 사랑한다고
또박 또박 쓴다.

창 넓은 창가에 앉아
은은한 봄 향기
커피 잔에 담아서
그대에서 편지를 쓴다.

꽃 길 가득한 아지랑이
하나 둘 향기 품으면
가슴속 깊숙이 들이마시며
그리움 찾아 떠나는 봄.

그대 찾아 떠나는 봄

화분 가득 봄을 심어놓고
그대 보고픔에
눈물 흘립니다.

따스한 햇살이 춤추고
거리는 온통 설렘 가득
나보다 먼저 나와
그대 소식 기다리는 봄.

혹시 그대 소식 올까
우체통이 잘 보이도록
색을 칠합니다.
나보다 성질 급한
봄이 먼저 기다립니다.

그대가 좋아하는
상큼하고 달콤한 딸기
마음 화분에 곱게 심어
은은한 향기로
다가서고 싶은 봄.

봄이 오면 제일 먼저
딸기가 익어가는
시골마을에 찾아가
상큼한 딸기
한 아름 사오던
그 봄 그대여
또 왔습니다.

얼었던 마음 풀리고
길거리 가득한 그대 그리움
오롯이 향기로 피어올라
너에게 가고 싶은 봄.

선인장이라고
가시가 있다고
향기가 없는 것은 아닙니다.
그대 향기 닮은 봄
부드러운 미소로
그대에게 갑니다.

겨울 찬바람에 이울던
그리움 이겨내고
작은 미소로
따뜻하게 맞이하는 봄
그대 향해 피어나리라.

겨울 찬바람에 시들어 가는
 작은 화분의 꽃들도
 봄 햇살에 살아나
 보고픈 그대에게
 향기를 피웁니다.

* 이울다 : 꽃이나 잎이 시들다
          해나 달의 빛이 약해지거나 스러지다

햇살에 웃으며 피어난
널 닮은 수줍은 수국
그리움에 이울던 내 사랑
다시 일어서는 봄.

수국을 유난히 좋아했던
그대에게
함께 하는 봄이고 싶어
시들던 사랑 일어섭니다.

수줍은 미소로 피는 너
너와 똑 닮은 향기
동백꽃 피는 어느 봄 날
그 미소와 봄을 느낀다.

수줍어 꽃잎 뒤에
숨어서 피는 동백꽃
손으로 살짝 가리고
다가오던
그대의 미소가
봄을 찾아온다.

그대 그리움 따라
서둘러 찾아온 봄
향기까지 차곡차곡
꽃병 안에 담긴다.

향기가 가득한 봄
꽃병 사들고
그 향기 가득
옮겨 놓던 봄
그 봄이 방 안에
가득합니다.

그대 향기 따라
피는 꽃
살며시 안아주는
그대의 향기
참 달다.

프리지아 향처럼
그대는 향기로
가득했습니다.
봄 가득 그대 향기
안아주고 싶습니다.

그대의 달콤한 입술
그보다 더
달보드레한 봄 햇살
가슴 뛴다.

설마 그대의 입술보다
더 달보드레할까요.
그래도 봄 햇살이
참 좋습니다.
가슴이 마구 뜁니다.

* 달보드레하다 : 달달하고 부드럽다

그대 위해 준비한 케이크
달보드레한 입맞춤으로
그대의 뺨은
수줍고 환하게 피어난다.

그대의 생일 날
조용한 음악이 흐르는
어느 카페에서
그대 위해 준비한 케이크
수줍게 타오르다
휙! 바람에
사라집니다.

한 입 먹고 그리움을
한 입 먹고 사랑을
달보드레한 봄까지
그대 우편함에 넣는다.

달콤한 아이스크림
그대와 내가
손에 들고 봄 거리 거닐면
그대는 환하게
웃으셨습니다.
그대 계신 곳에 편지를
씁니다.
봄이 왔어요!

매화의 봄

매화꽃 다복다복
예쁘게 영그는 봄
어디서 날아와서
서글피 지저귀나
서러워 우는 밤이면
임 가신 곳 알려나.

매화가 다복다복
피어있는 어느 봄 날
새 한 쌍 날아와
봄을 노래합니다.
임 계신 곳 알려 주려나 봅니다.

* 다복다복 : 풀이나 나무 따위가 아주
탐스럽게 소복하다.

나뭇가지 위
저 새도 짝을 찾는 봄
그대 웃는 모습도
노래 부르면
찾을 수 있으려나.

봄이 되니 새들도
서둘러 짝을 찾고 있습니다.
그대가 좋아하는
노래를 부르면
그대 웃는 얼굴 볼 수 있을까요?

깨끗한 향기 프리지아
그 향기 닮은 그대 그리움
내 작은 창가 달 밝은 봄
밤나무 끝에 걸어두고 싶다.

겨우내 뜰 안에 있던
밤나무 곁에
그대가 서성입니다.
그 끝에 그대가 좋아하는
프리지아 향
가득 걸어두고 싶습니다.

그대 위해 피워낸
내 그리움의 꽃은
저 붉은 꽃보다
진하고 향기 깊다.

제 아무리 붉고
예쁘게 핀 꽃이라도
내 그리움보다
더 붉고 예쁘랴.

겨우내 피워낸 보랏빛 봄
길거리 걷다
그리움 쏟아지면
나의 향기라 생각해주오.

보고 싶은 계절
꽃향기 가득하여
행여 잊을까
겨우내 준비했습니다.
그대만이 느낄 수 있는
보랏빛 향기를.

목련꽃 내다보이는
통유리 찻집 창가의 봄
그대 여린 그리움도
커피 향처럼 내 곁에
서성이면 참 좋겠다.

보랏빛 봄

그대와 같이 갔던
그 창 넓은 찻집
커피 향은 내 곁에서
그때 그 향처럼
달려드는데
그대는 떠나고 없습니다.

가장 예쁜 항아리에
봄을 담아 넣었다
너의 그 환한 미소도
내 안에 넣고 싶다.

예쁜 꽃은 내 마음대로
꽃병에 꽂을 수 있습니다.
그대의 미소는
어찌하면
내 마음에 넣을 수 있습니까?

혼자는 외로워 두 개의 화병에
개운죽을 그려 넣었다
나의 가슴에도 네가 들어와
둘이서 봄맞이 가고 싶다.

그대와 같이 맞이했던 봄
개운죽의 다정함처럼
그대와 함께 봄 길을
그날처럼 걷고 싶다.

꽃이 피는 봄이 오면
길거리 꽃향기 가득한데
내 마음은
너의 생각으로 가득하다.

길거리는 연인들의 사랑으로
꽃들의 향기로 가득합니다.
내 마음은
그대의 생각으로
가득합니다.

봄 햇살 가득 찻잔에 담아
그대에게 편지를 쓴다
한 모금엔 그리움을
한 모금엔 보고픔을 쓴다.

편지를 쓰는 봄
꽃 이야기를 쓸까
햇살 이야기를 쓸까
한 모금 커피에
그대 생각만 목구멍타고
내려갑니다.

그대가 좋아하는 딸기 케이크
봄 햇살에 향기까지 심어 놓고
둘만의 이야기 꽃 피우고 싶다.

딸기 케이크를 앞에 두고
달콤한 이야기 나누던
그 시간들은 지나고
봄 햇살에 이야기
혼자 펼쳐 놓습니다.

길가에 오선지 봄 그려 넣고
꽃들은 목청 높여 노래 부른다
꽃노래 따라 내 그리움은
긴 호흡하며 합창한다.

보헤미안 랩소디
음악이 흐르는 길거리의 봄
그대와 함께 듣던 그 봄
이제는 나 혼자 합창한다.

널 만나러 가는 길
길가에 아기 구두 한 켤레
봄 햇살 가득 담고
아장 아장 따라오네.

그대여!
봄이 왔습니다.
그대가 걸었던
그 길
노란 구두 한 켤레
걸어갑니다.

꽃이 피기 시작하는 봄
내 마음도 그대 그리움이
꽃으로 피기 시작한다
어쩌면 좋지.

꽃이 피는 봄이면
꽃만 피는 것이 아니라
내 마음엔
그대 그리움의 꽃이
자꾸만 피어납니다.
그 봄 어찌 견디어 내라고.

창가에 작은 화분 두 개
그대 오실까 숨죽인
내 기다란 그리움도
창가에 서성인다.

행여 그대 보일까
창가에 서성이는
봄 햇살
작은 화분 두 개가
기웃거리는 내 얼굴에
미소 보냅니다.

달빛 아래 홍매화
흐드러지게 핀 밤
저 멀리 다가오는
희미한 그림자 하나
그대 모습일까
손 갓 하고 바라본다.

홍매화 흐드러지게 핀 밤
어디선가 인기척이 들려옵니다.
행여 임일까 손 갓 하며
바라봅니다.

* 손 갓 : 햇살의 눈부심을 막고
　　　　　멀리 보기 위하여 손을 이마에 붙이는 행동

수줍은 듯 핀 저 수련
잔잔하게 파란 하늘 껴안았다
그대 그리움도 피어나면
껴안을 수 있을까.

곱게 핀 수련은
하늘과 이야기 합니다.
내 그리움도 피어나면
그대와 이야기 할 수 있겠지요.

보랏빛 향기
은은하게 흐르는 오후
보랏빛 미소 가득한 방안
온통
그대 생각뿐.

보랏빛 향기로
물들어 버린 오후
내 방안에도
보랏빛 가득한
너의 생각뿐.

저 돌담길 너머엔
그대 소식 봄꽃처럼
수줍게 피어있을까
조심스럽게 고개 내민
따스한 노란 봄날.

저 돌담길 너머에
피어있는 노란 봄
그 길 안에
그대 곱게 웃으며
서있을 것만 같습니다.

빨갛게 꽃 피는 봄
꽃망울 망울 마다
그대 향한 그리움도
함께 피어난다.

빨갛게 꽃봉오리 맺힌
명자 꽃
그 꽃말처럼
열정으로
너에게 다가서고 싶은 봄.

봄이면
아지랑이
피어오르듯
널 향한
그리움도
꽃으로 핀다.

샛노란 봄
개나리 아래
병아리 두 마리
그리움 가득 안고
꽃으로 핍니다.

그대가 좋아하는
아메리카노
오늘은 내 사랑도
듬뿍 내렸다.
언제 오시려나.

커피 볶는 냄새가
방안 가득 진동합니다.
그대 위해 아메리카노와
내 사랑을 섞어서
내렸습니다.
그대 오시렵니까?

그대를 기다리는 동안
수 없이 네가 왔다가 갔다
달콤한 이야기 남기며.

그대를 기다리는 동안
문을 열 때마다
그리움이
셀 수 없으리만큼
왔다가 갔다.

그대 맞으러 나가는 길
겨우내 길었던 그리움도
조금씩 피어나고 있다.

그대 만나러 나가기위해
치장을 합니다.
그 그리움도 봄이 되면
또 피어나겠지요.
그대는 없지만
그대를 만나러 나갑니다.

커피 끓이는 동안
넌 저 멀리 날아가고
난 멍하니 앉아
커피 향 만 너에게
보낸다.

커피를 끓이고 있는
시간에도
그대 생각에
커피 향을 음미합니다.
입가엔 그대 향기만
가득합니다.

그대에게 가는 길
만나질 수만 있다면
달팽이 걸음이라도
일 년, 십 년
쉬지 않고 가오리다.

압니다.
달팽이 걸음으로는
그대에게 닿을 수 없다는 것을
잘 압니다.
그렇지만
만나질 수 있다면
쉼 없이 가겠습니다.

피로회복에 좋으니까
목에 참 좋으니까
살짝 꺼내놓은 그리움
봄 희망 피어오르듯
널 향한 그리움도
날마다 조금씩 자라란다.

목이 아프면 안 되니까
감기 걸리면 안 되니까
그렇게 잔소리하던
그대가 그립습니다.

붉은 소식 그리워
까치는 목청 가다듬고
그렇게 노래하나 보다
따뜻한 봄에는 임 소식
꽃피우려나.

겨울 밤 까치는
봄소식을 가져오려고
그렇게 노래하는지 모릅니다.
따스한 봄입니다.
그리운 임 소식
전해올까요?

밤하늘 수많은 별처럼
텅 빈 내 방에도
너의 그리움이 셀 수 없이
떠 있다.

까만 밤이 찾아오면
어김없이
찾아오는 널 향한
그리움
방안 가득 떠다닌다.

저 모퉁이 돌면
그대 보일 것 같아
한 걸음에
달려왔지만
그대는 보이질 않고
보고픈 그리움만
집보다 커져있다.

그대 소식 올까
맨발로 뛰어나와
그 먼 곳을 바라봅니다.
그대는 보이질 않고
그리움만
자꾸 커져갑니다.

동해바다 기지개 켜며
봄 소리 우뚝 솟은 바위
설렘 가득안고 그대 향한
그리움도 함께 솟는다.

그리워 우뚝 선 추암의 봄
그대와 함께 거닐던
그 바닷가의 추억은
봄 햇살에 사라진다.

차가운 얼음이 풀리는 날
그대 그리움도
하나 둘 봄 햇살에 적어
우체통에 넣고 싶은 날.

겨울의 차가운 바람도
이겨내고 봄이 왔습니다.
그대는 아직도 겨울잠을
자고 있을까봐
봄 편지를 써
우체통에 넣습니다.

유채꽃 노랗게 피는 봄
그대 보고픈 그리움도
유채꽃보다 더 노랗게 피어
윤슬에 실어 보낸다.

제주도의 유채꽃을
바라보며
그립던 그리움
살랑거리는 윤슬에
실어 보냅니다.

파도 일렁이는 바닷가
그대일까 서성이다
널 향한 그리움만
셀 수 없이 부서진다.

그대와 같이 갔던
성산일출봉의 봄
그대 소식이 올까
하염없이 기다리다
부서지는 파도만
내 **뺨**을 때린다.

저 멀리 홀로 봄을 맞이하는
홍도에도 하늘 기쁨 일렁인다
내 그리움도 함께 일렁이면
그대 찾아 올 수 있으려나.

홍도의 봄

아무도 찾지 않은 외딴 섬
그 섬에도 하늘은
기쁨을 선사합니다.
기쁜 마음으로 노래 부르면
그대 찾아 올 수 있을 것 같습니다.

갈매기 찾아온 청산도
노란 봄 곱게 피어오르건만
내 그리움은 가슴속에서만
아무도 모르게 피어오른다.

또 다시 노랗게 핀 봄
갈매기도 찾아와 쉬어 가는 곳
내 그리움은
아무도 모르게
가슴속에서만 피어납니다.

봄은 남쪽 끝에서부터
소리 없이 온다던데
널 보고픈 내 마음은
방향을 잃고
사방팔방에서 온다.

조용히 남쪽에서부터
봄은 오고 있습니다.
그러나 그대 보고픈
내 마음은 방향을
잃었습니다.

날마다 향기 품는 봄
따스한 햇살 가득 품은 선유도
그대 흔적 찾아볼 수 없지만
그 곳에는 그대 그리움
섬 크기보다 더 커져 있다.

배타고 거닐던 그곳 선유도
지금은 쉽게 건널 수 있어
그대 흔적 찾아보지만
낯선 그리움만
섬보다 더 커져 있다.

일렁이는 파도 소리 우도의 봄
춤추던 파도 수줍게 웃던 날
그대 위해 부르는 사랑노래
고운 꽃으로 피울 수 있을까.

한 번도 가보지 못했던 우도
그 곳에도 어김없이
봄은 오고
내 그리움도 파도에
넘실거린다.

푸른 바다가 위로하는
할배, 할매 바위의 안면도
내 사랑도 푸른 하늘에
위로 받고 싶은 어느 봄 날.

안면도의 봄

파도가 이어주는
안면도의 사랑
그 순고한 사랑 앞에
나의 사랑도
위로 받고 싶다.

우뚝 서 있는 보길도의 봄처럼
그리움 마음 봄 햇살 껴안고
너를 향해 꽃씨 뿌려 놓으면
그대 봄 꽃 피워 줄까.

무엇이 그리워
저리 우뚝 솟았을까
내 마음에도
그대 위해 꽃씨 뿌리면
꽃 피워
우뚝 솟아 줄까?

그대 향기 따라
다시 찾은 동백섬
동백꽃 서둘러 피어나고
그대 향기는
파도소리와 춤을 춘다.

겨울에 감추어 두었던
빨간 동백섬
서둘러 동백꽃 피어나지만
그대 향기는
저 멀리 파도 소리가 되어
춤을 춘다.

봄 개편 소식이 방송국마다
호들갑이다
그대 나오는 채널은 몇 번일까?
아무리 찾아봐도
"나의 그대"는 없다
그리움만 만지작거린다.

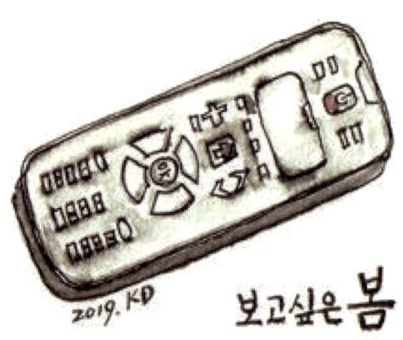

보고싶은 봄

2부

詩選集

바람 그놈

자다 일어나 무심코 창문을 여니
늑골에 바람 들어와 기침 콜록
자명종 소리보다 일찍 깬 겨울이
늑장 부리던 방안을 휩쓸고 간다.

　　　　　　　　* 행시 자늑자늑 : 동작이 진득하게 부드럽고 가벼운 모양

친구야

오랜만에 친구야
가슴 두근 설렌다
코 흘리게 친구야
폭풍세월 지나서
어느덧 산업의 퇴역
한 잔 술에 취한다.

나는 이제 할배야
너도 이제 할매지
세월이 무심하게
많이도 데려왔네
받아라 우정의 한 잔
자갈자갈 익는다.

* 자갈자갈 : 여럿이 모여 나직한 목소리로 지껄이는 소리

벽치기

불을 끄니 귓불을 애무하는 혓바닥
참다 참다 흥분하여 일어나
벽으로 밀어 붙였다
주특기 발휘할 시간
살려 달라 애원 했지만
철퍼덕 철퍼덕 사정없이 내리 찍었다

개운하게 끝내고 불을 켜니
벽에 핏자국 흔적 선혈이 낭자한 모기
날 유혹 하지마라 죽는다.

독도야

독도는 우리 땅 이라고
왜 외쳐야 하는 건지
독도야 너는 아느냐

수많은 세월 건너와
우뚝 선 독도야

그들은 이미 바림상태
이젠 외치지 않고
너의 웅장함만
노래하리라.

*바림 : 채색을 한쪽은 진하게 하고 점점
옅게 하여 흐리게 하는 일

아들의 장갑

엄마!
장갑이 다 떨어 졌어
역도 선수가 꿈이던
아들 장갑이
모지랑이가 되었다.

어머니는
꽤 가격이 나가는
장갑을 사기 위해
오늘도 식당 구석에
쪼그려 앉아 당신 손은
모지랑이가 되는 줄
모르고 설거지에
땀 한 바가지
흘리신다.

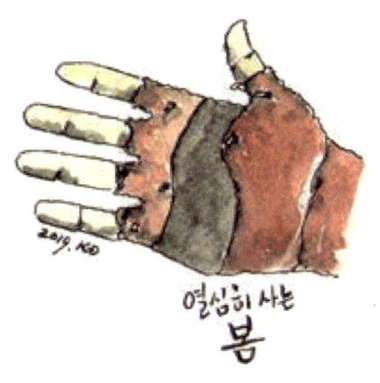

* 모지랑이 : 오래 써서 끝이 닳아 떨어진 물건

새벽 3시

겨울밤 하늘 별빛
스르르 잠든 새벽
열려진 창문타고
시끄런 바람소리
도망간 이불 끌어와
그루잠에 빠진다.

* 그루잠 : 잠깐 깨였다가 다시 든 잠

약속

잡은 이 손
끝까지 잡아줄 수는 없어
그렇다고 서운타 생각 마
항상 네 편에 있으니까.

착각

분명 닮았다
새까만 피부에
앙칼진 말투까지
나도 모르게
그 뒤를 해거름의
그림자처럼 길게
따라가다
모든 것이
나만의 착각이었음을
까만 고양이
음흉한 울음소리에
겨우 알아 차렸다.

* 해거름 : 해가 서쪽으로 넘어갈 무렵

풍선의 꿈

토끼야!
풍선의 꿈이
뭔지 아니?

잘 몰라
왜 묻는 건데?

응 들어주려고
풍선의 꿈을

잘은 모르지만
너와 손잡고
세상 구경하는 게
아닐까?

아 그래
고마워.

별빛 사랑

내 마음속에 살며시 앉은
그대의 눈빛 그대의 사랑
계수나무 옆 하늘 빛 담아
가지 끝마다 알알이 맺혀
내 마음 가득 쏟아져 온다.

가슴 조이며 건네는 마음
행여 조각나 부서질까봐
바위 알처럼 단단하고도
보석보다 더 빛이 나도록
하아얀 사랑 곱게 써간다.

그대의 마음 행복하라고
쏟아진 별빛 두 손 가득히
뜨거운 열정 오롯이 담아
그대 웃어라 나의 사랑아
가슴이 뛴다 별빛 사랑아.

내가 그대를

기억해 내지 않아야 하는 줄 뻔히 알면서도
해마다 되풀이 되는 너를 향한 그리움들
년(연)민으로 포장된 가슴속의 몹쓸 보고픔

황혼에 물들어가는 저 들녘의 바람처럼
금세 흩어지며 잔잔하게 잊혀 질줄 알았는데
돼먹지도 못한 그 욕심으로 내가 그대를
지금까지도 기억해 내는 어리석은 바보입니다.

* 기해년 황금돼지 행시

그대

그대여
지금 창 밖에는 하얀 눈이
그대 소식 차분하게
길거리에 펼쳐 놓습니다.

난 그대 허리 어디쯤인가
뽀드득 소리라도 들릴까
하염없이 내리는 눈을
가슴속에 남고 있습니다.

내리는 하얀 눈
살며시 귀띔해 줄 것만 같아
그대를 만나러
무작정 나갑니다.

그대 오시는 길

그대가 오시기로 한 그 자리
일찌감치 나가 그대 좋아하는
장미꽃 한 송이 걸어둡니다
조심스럽게 열렸던 하늘 빛
먹구름 일더니 하얀 눈 내려
빨간 장미꽃 하얗게 덥습니다.

그대 오실까 마음 졸이면서
하얀 눈 장미꽃 삼키는 것만
발 동동거리다 되돌아갑니다
그대가 오시기로 한 그 자리
그대는 오시지 않고 하얀 눈
그대 꽃자리만 채워 갑니다.

그대 오시는 길.

너의 향기

내가 가는 곳마다
꽃향기 가득하여
나도 모르게
그 향기 따라 걸으니
어느새 나는
너와 함께 걷고 있더라

그 미소

그 작은 미소 나를 견디게 하는
마력을 가지고 있습니다.

일부러 눈을 마주치지 않고
엉거주춤하게 서서 툭 하고
커피를 내미는 그 작은 미소
난 덥석 받아 마시지 못하고
그 향기 수줍게 피어오르면
설렘을 마음에 담아 마십니다.

난 가끔 그 미소에게
용기를 내어 고백을 해 봅니다
그럴 때 마다 붉어지는 그 미소
다른 매력으로 설레게 합니다.

더 큰 용기로 그 미소를
만지려하면 손사래 치며
불그레한 미소를 내 줍니다.

나를 설레게 하는 그 작은 미소
나를 살게 하는 그 작은 미소
지금도 내 곁에서 서성입니다.

착한 그리움

태어날 때부터
죽는 그 날까지
나를 따라다니는
그 무엇 하나

그것은
그리움 이였다
널 향한
착한 그리움.

난 이미

전국 노래자랑에
나오는 저 넉살좋은
사람들은
심장을 몇 개나
가졌을까

전국 노래자랑
나는 이미
토끼가 되어 사정없이
절구를 찧고 있다.

그 그리움

느린 개 엉금엉금
돼지 꼬리에 올라타려
새벽부터 찾더니
기어이 돼지 꼬리
꽉 물어버렸다

넋 놓고 졸던 돼지
꽥 소리 지르며
꼬리 물었던 주둥이를
세차게 흔들었다

글이 탄생되는 개
한 발 양보하며
글이 읽혀지는 돼지에게
그리움 던져놓고
떠나고 있다

이제 남은 그리움은
내 몫이 되었고

그 그리움 찾는
내 마음만
서둘러 해를 넘었다.

바람의 심술

그대가 떠나자
성질부린 바람
눈 속에 들어와
눈물이 흐릅니다.

흐르는 이유를
굳이 물으시면
그대가 떠나서가 아니라
바람의 심술
때문이라
억지로 말하렵니다.

흥

새침데기 이웃집
계집아이 내 친구
이름 부르면
"흥"하는 이유를
몰랐습니다.

어른이 되어
생각해보니

바보야
넌 왜 이리 멍청하니
남자답게
확 안아달라고
바보야

"흥"

달의 배려

차가운
겨울바람
쉬어가라

초승달
집을 짓고
손짓 한다

달 아래
나무들도
차가운
내 마음도

서둘러 준비 한다
웃음 가득한
따뜻한 미소로.

널다 사랑

처음부터
네가 좋아
흙탕물 속을
거닐던 내 마음

깨끗하게 헹구고
너를 향한 마음
저 파란 하늘에
널었다 사랑을.

봉지 커피

드르륵 새벽 문을 여니
교무실 어두컴컴한 곳에
봉지 커피가
똬리를 틀고 있다

어두운 불빛 속에
반짝이는 노란 봉지
잽싸게 낚아채
커피포트 속에 넣고
간을 본다

온 몸을 벌거벗은
봉지커피는
새하얀 집에 들어가
밤새 움츠린 몸을
지지고 자빠져 있다

하나 둘 불빛 눈뜨면
벌거벗은 봉지커피는

수줍다 소리 지르며
내 목구멍 속으로
후다닥 숨는다.

* 하루 딱 세잔의 봉지 커피는 나의 친구이자 애인이다.

생각하는 문화 콘텐츠
도서출판 강건 문화사

도서출판 강건 에서는 여러분들께 소량의 출판과
저렴한 비용으로 퀄리티 있는 책을 만들어 드리기
위해 노력을 다하고 있습니다.

- 네이버 밴드에서 도서출판 강건을 검색하세요.
- E 메일 — bth8135@daum.net
- 도서 구입처 — mc060.mysoho.com (강건 쇼핑몰)
- 상담문의 — 010 5300 1555